LA FORÊT ENCHANTÉE,

OU

LA BELLE AU BOIS DORMANT,

MELO-DRAME-FÉERIE,

EN TROIS ACTES,

MÊLÉS DE CHANTS, DANSES ET COMBATS,

*Représenté pour la première fois le 25 floréal an 8,
au Théâtre de la Gaîté ;*

PAR L. C. CAIGNIEZ.

MUSIQUE DU CITOYEN LEBLANC.

A PARIS,

Chez TIGER, Imprimeur-Libraire, Place Cambray.

AN VIII.

PERSONNAGES.	ACTEURS.
FLORESTAN, Chevalier, fils du Comte de Tours.	VICHERAT.
FATIGNAC, Chevalier, Compagnon d'armes de Florestan.	BIGNON.
ISAURE, Comtesse de Mont-Brun, (la Belle au bois dormant).	JULIE.
ROSINE, Dame-d'honneur de la Comtesse.	CROSNIER.
BERTHE, vieille. (Ce rôle doit être fait par une jeune personne).	DECROIX.
VALENTIN, Ecuyer de Florestan.	BEVILLE.
GEORGINO, Page de la Comtesse.	CHABERT.
La Fée ALMERINE, Mareine d'Isaure.	CAVA.
Le Baron d'APREVILLE, usurpateur des Etats d'Isaure.	BOULANGER fils.

Deux Jeunes PAYSANNES parlantes
Deux PAYSANS parlants.
Trois Nymphes des eaux, chantantes.

Personnages muëts.

Démons combatants
Officiers et Femmes de la Comtesse.
Un Capitaine du Baron, combattant.
Troupes de la Comtesse.
Soldats du Baron.

Danse.

Premiers Danseurs { DUPON. GASTON.

Premières Danseuses. { CAROLINE. BREARD.

Démons, Nymphes des bois, Sylphides et Génies.
Paysans et Paysanes.

LA FORÊT ENCHANTÉE

OU

LA BELLE AU BOIS DORMANT.

ACTE PREMIER.

Le théâtre représente d'un côté la lisière d'une épaisse forêt ; de l'autre, des buissons, et dans la perspective, des habitations villageoises. Ce côté, qui est censé ouvert sur la campagne, est très-éclairé, tandis que l'autre est dans l'obscurité.

La toile se lève vers la fin de l'ouverture. Différens groupes de Villageois passent dans le fond, et paroissent empressés de rejoindre la danse, qui est supposée sur le côté.

SCÈNE PREMIÈRE.

FLORESTAN, FATIGNAC, VALENTIN.

FLORESTAN, *en entrant sur la scène.*

Nous ne pouvions choisir un endroit plus agréable, plus frais, pour nous dérober quelque tems à l'ardeur de ce soleil qui depuis ce matin darde sur nous ses rayons brûlans.

FATIGNAC, *s'essuyant.*

Pour moi, sandis, je suis tout en eau ! (*regardant du côté d'où il vient*). J'espère que nos chevaux ne s'échapperont pas : les voilà, sous nos yeux, dans l'herbe jusqu'au poitrail ; ils doivent se trouver à la nôce, là ! (*voyant passer deux Paysannes*) Regarde, Florestan, les jolies Paysannes ! Air de fête, propreté exquise, blancs linons, frais rubans et des corsets qui ont une tournure !....

VALENTIN, *à Florestan.*

Ecoutez-donc, Monsieur, cet air charmant !

(*Il danse sur la mesure d'un air de musette qu'on entend dans le lointain*).

Jeune fille qui danse sur cet air-là, en devient plus jolie de moitié. Tenez, on balance ici... Le cavalier s'avance... La petite fait une volte et s'échappe légèrement, la tête penchée, l'œil agaçant.

FLORESTAN.

Laisse-là tes folies, Valentin.

VALENTIN.

C'est folie pour vous, Monsieur, parce que vous regardez encore avec indifférence ce sexe charmant qui tourne la tête à tout le monde.

FATIGNAC.

Laissé fairé, Valentin. Le tournois où nous nous rendons doit être l'un des plus brillans où l'ami Florestan sé soit encoré trouvé, et son cœur m'en dira des nouvelles.

VALENTIN.

Pour moi, je ne sais pas comment on peut voir un joli minois, un œil fripon, une bouche mignone, sans éprouver au cœur certaines palpitations, certaine chaleur douce, agréable...

FLORESTAN, *souriant*.

Et tu appelles cela de l'amour?

FATIGNAC.

Cé garçon parlé de bon sens, mon cher Florestan ; jé l'approuve et le blâme. Crois-moi, hatés-toi dé té choisir uné damé dé tes pensées. Il y a long-tems que jé m'en suis pourvu, moi ; et crainte d'en manquer, j'en ai dé réservé dans plus dé trente châteaux, où dans lé moment qué jé té parle, je suis fort trompé, si l'on né s'entrétient des exploits du chevalier Fatignac.

FLORESTAN.

J'avois toujours cru que le cœur d'un chevalier ne devoit être rempli que d'un seul objet ; que la constance sur-tout...

FATIGNAC.

Oh, oui ! c'étoit l'usage de l'ancienne chevalerie ; mais nos braves ancêtres étoient des vraies dupes, en amour. Leur constance n'étoit qu'obstination, et ils auroient péri d'ennui plutôt que d'en démordre.

FLORESTAN.

Je me suis formé de l'amour une idée bien différente de la vôtre. C'est parce que je ne puis aimer qu'avec excès, que je n'aime point encore. Tant que je n'aurai pas trouvé la beauté aussi délicate que sensible, aussi vertueuse que tendre, telle qu'on nous peint celles qui enflammoient nos anciens chevaliers, et savoient les exciter à ces exploits éclatans qui les rendirent si fameux ; mon cœur ne connoîtra point l'amour.

FATIGNAC.

Jé vois qué c'est une femme dé l'autre siècle qu'il té faudroit. Jé té plains, mon cher ; il ne s'en fait plus dé cetté pâte, à moins que quelque féé dé tes amis né t'en réserve une depuis Charlemagne, au fond d'une tour enchantée !

VALENTIN.

Ma foi, c'est duperie, que d'être si difficile !

FATIGNAC.

Eh, sans doute! mais on se corrige de cet excès de délicatesse. Moi-même j'ai eu quelque tems cette folie. Croirois-tu, mon ami, que mon archi grand'-tante, la sœur de mon tris-aïeul, a été ma première inclination? Oui, le portrait de la belle Roseline de Fatignac, qui, avec son cadre lourd et vermoulu, fait depuis plus d'un siècle partie du mobilier de ma famille, m'a rendu amoureux-fou; et à vingt ans, j'en avois le cœur si étrangement préoccupé, que les plus séduisans appas sollicitoient en vain mes hommages, je disois sans cesse: capédédious, ce né pas-là ma grand'-tante!

FLORESTAN.

Vous me permettrez, chevalier, de trouver fort bizarre que l'amour d'une vieille peinture vous ait fait négliger si long-tems les faveurs des belles!

FATIGNAC.

Eh mais, tu m'en offres autant, mon cher. Le phantôme de perfection que ton imagination caresse a-t-il plus de réalité que cette peinture dont l'aimable objet avoit existé jadis? Mais je suis revenu de mes chimères. Fais-en de même. Il faut aimer, chevalier, à droite, à gauche, la brune et la blonde. Point d'amour exclusif, de flammes éternelles; c'est la mort du plaisir.

VALENTIN.

Je suis assez de cet avis; au moins si l'on rencontre une cruelle, on trouve ailleurs qui nous console.

FATIGNAC.

Cette valur qui me distingue, à qui la dois-je? A l'amour que je porte aux dames. Quand je suis dans un tournois, que je vois tous les gradins des amphithéatres remplis de femmes charmantes, je sens mon courage s'enflammer. Allons, Fatignac, me dis-je, c'est ici que tu vas te couvrir de gloire! Vois-tu là bas cette princesse, dont les beaux yeux disputent d'éclat avec les perles orientales qui la couvrent? elle t'indique du doigt à ses belles compagnes, et semble leur demander: « Quel est ce chevalier qui manœuvre » avec tant de grace ce coursier fougueux dont le mords blanchit » d'écume? » Vous l'allez connoître, princesse. Je m'élance avec furie: le fer étincelle dans mes mains: je fonds comme la foudre sur l'ennemi, dont la stature gigantesque ne peut étonner mon audace. Je me multiplie autour de lui, je le harcelle, je le presse, je porte un coup terrible: il perd l'arçon, tombe..... (*Il saisit au collet Valentin, qui tombe à demi-renversé*). Je l'empoigne avec force et le tiens renversé sur la poussière. Vil mécréant, avoues-toi vaincu ou tu meurs!

VALENTIN.

Eh, de grace, seigneur chevalier, j'avouerai tout ce que vous voudrez, laissez-moi la vie.

FATIGNAC.

Jé té l'accorde. Allons, sonnez fanfares, et vous hérauts d'armes, proclamez le chevalier Fatignac.

VALENTIN, *se relevant*.

Voyez un peu! c'est pourtant cette belle princesse, avec ses perles orientales, qui a failli me faire étrangler! (*Symphonie*). Mais, messieurs, vous ne remarquez pas comme le temps se couvre là-bas! Nous allons avoir un orage affreux.... Voyez-vous ces éclairs?... Si vous m'en croyez, nous ferons bien de gagner le premier village il n'est qu'à cent pas.

(*Eclair, suivi d'un coup de tonnerre éloigné*).

Là! vous entendez!

FATIGNAC.

Comment, Valentin, avec nous lé tonnerre t'effraie!

(*Il va s'asseoir contre un arbre*).

Quant à moi, je m'arrange ici, et vienne la pluie, je la brave sous cet épais couvert.

(*Florestan considère la forêt et cet aspect paroît le plonger dans la rêverie : phrase de symphonie*).

VALENTIN.

Il faut donc que je m'accommode aussi de ce gîte!

(*Valentin va pour s'asseoir du côté de la forêt, mais aussitôt il recule, et écoute avec effroi. Phrase de musique*.

Je ne puis me reposer ici.... L'aspect de cette forêt m'inspire un frémissement.... Il me semble y entendre des sons lugubres.... un bruissement sourd....

FLORESTAN.

Eh bien, Valentin, ce feuillage touffu qui cause ton effroi, a pour moi un charme que je ne puis définir!....

(*Symphonie douce*).

Un sentiment inconnu m'agite délicieusement!.. Je ne sais pourquoi, je sens le desir de m'enfoncer sous ces ombrages.

VALENTIN.

C'est un mauvais génie qui vous inspire, monsieur! mais voyez donc comme cette forêt est épaisse! comme ces ombres sont noires!

(*L'orage augmente et l'on entend dans le feuillage le bruit de la pluie. Symphonie*).

FATIGNAC.

Qué vont dévénir les charmantés villageoises qui dansent là bas?... Eh, les voilà qui accourent sé mettre à l'abri.

(*Il se lève avec empressement*).

Bienfaisante pluie, jé té rends grace!

SCENE II.

LES PRÉCÉDENS, PAYSANS ET PAYSANNES.

(On voit accourir précipitamment tous les Villageois et Villageoises, pour se mettre à couvert. Ils se rangent tous par grouppes, à différentes distances contre les arbres. Symphonie).

UN PAYSAN, *sous un petit arbre, sur le devant, à droite.*

Rosette, vians sous ce gros arbres d'l'aut' côté; il pleut où nous sommes.

LA JEUNE FILLE.

Non Lucas. J'n'i ons point à l'encontre de ste forêt, dont on rapporte de si tarribes histoires.

VALENTIN, *à Florestan.*

Entendez-vous, monsieur, qu'il y a des histoires de cette forêt? Je m'en doutois bien, moi !

FLORESTAN.

Contes populaires, sans doute.

FATIGNAC.

Jé vais m'en informer. Jé vois là-bas une pétite brune, qué jé veux interroger.

(Il s'approche d'une paysanne, à qui il prend la main).

Ma belle enfant, si vous êtes aussi complaisante que vous êtes jolie, vous allez m'apprendre ce qu'on raconte ici de cette forêt.

LA PAYSANNE.

Ben voulontiers, monsieur. Vous saurez d'abord qu'all' est enchanté c'te forêt.

FATIGNAC.

Est-il possible? mais vous m'enchantez aussi avec cet œil fripon.

LA PAYSANNE.

Laissez donc, vous m'serrez d'une force !...

FATIGNAC.

Continuez, jé vous écoute toujours.

UN PAYSAN, *s'approchant, le chapeau bas.*

Seigneur Chevalier, j'allons vous conter ça. C'est qu'y a dans c'te forêt....

FATIGNAC.

Mon ami, jé té prie dé laisser dire la pétite : jé vois dans ses yeux qu'ellé sait mieux l'histoire qué toi.(*A la Paysanne*). Allons, vous dites que cette forêt est enchantée.

LA PAYSANNE.

Oh! c'est ben vrai, ça; et on dit comme ça qu'il y a cent ans qu'une belle Princesse dort dans un château qu'est au milieu du bois. Du d'puis qu'ça dure, personne n'a jamais pu en approcher de plus près que st'endroit ci. Tous ceux qui ont osé mettre le pied plus avant y ont péri. Ma mère m'a conté cent fois qu'all' a vu d'son jeune temps un brave chevalier comme vous, qui n'a pas voulu en avoir le démenti. Il s'est jetté tout à travers; on a vu aussitôt tous les arbres en feu, qu'c'étoit épouvantable à voir! et puis un vent tarribe qui brisoit tout, et puis un bruit d'armes, comme de gens qui s'battiont, et puis le feu s'est éteint tout-à-coup, l'vent n'a plus soufflé, on n'a plus rian entendu, et c'pauvre Chevalier n'a jamais donné d'ses nouvelles.

VALENTIN, *tremblant.*

Ah! mon dieu! je n'ai plus de sang dans mes veines!

LE PAYSAN.

Si la vieille Berthe étoit ici, elle, qu'les plus anciens du canton n'ont jamais connue jeune fille, all' vous conteroit ça par le menu. All' étoit du tems qu'ça est arrivé.

UNE PAYSANNE.

J'sis étonnée qu'al ne soit pas venue aujourd'hui, car, malgré son âge, all' n'manque jamais d'se trouver aux danses du village.

FATIGNAN.

C'est peut-être cette vieille pliée en deux, qué nous avons rencontrée tantôt, et dont l'étrange aspect a fait cabrer mon chéval.

LA PAYSANNE.

Oh! c'est elle, allez, la pluie l'aura r'tardée.

PLUSIEURS PAYSANS *ensemble*

Eh la v'là! v'là mamzelle Berthe... V'nez, v'nez conter à ces braves seigneurs l'histoire de c'te princesse qu'on dit qui dort dans la forêt.

SCÈNE III.

BERTHE ET LES PRÉCÉDENS.

BERTHE.

Bonjour, bonjour, mes bons amis; vous pensiez peut-être que cet orage m'auroit fait peur, et q．．．s ne m'auriez pas vue aujourd'hui? Mais c'auroit été la première fois depuis cent ans que j'aurois manqué de me trouver à la fête de ce village. Mes enfans, j'ai vu vos pères, vos grand-pères, jeunes comme vous, folâtrer dans la prairie, et danser sous l'ormeau. Aimables fillettes, j'ai vu les amours de vos mères. Vous croissez comme les arbrisseaux d'un verger, et chaque année, dans ces fêtes où le plaisir vous rassemble, je vois toujours de nouveaux appas succéder à ceux que le temps moissonne, et réjouir mes yeux, comme l'aspect de la fraîche verdure au retour de chaque printems.

LA

LA PAYSANNE.

Mamselle Berthe, v'là des chevaliers qui sont ben curieux d'apprendre l'histoire de la princesse de la forêt enchantée.

FLORESTAN.

Oui bonne et respectable Berthe, nous attendons ce récit de votre complaisance.

BERTHE, *les considérant.*

Bien volontiers, mes braves chevaliers. Ah! mon dieu si l'un de vous étoit celui... Mais je n'aurai pas cette satisfaction avant de mourir! Je vais donc vous conter...

FLORESTAN.

Asseyez-vous sur ce banc de gazon, nous ne vous écouterons point auparavant (*Florestan la conduit jusqu'au banc de gazon. Quand elle est assise, tous les villageois font cercle autour d'elle et des chevaliers, et se grouppent de manière à indiquer en eux la plus grande curiosité*).

BERTHE.

Ce que je vais vous raconter s'est passé de mon temps; j'en ai été témoin, et vous pouvez me croire. Telle que vous me voyez, j'ai aujourd'hui cent quatorze ans et trois mois.

FATIGNAC.

Lé bel age, sandis!

BERTHE, *à Fatignac.*

Ce n'est pas celui du plaisir, aimable Chevalier; mais quand on a toujours été sensible et vertueux, c'est celui des doux souvenirs. Tout le monde a cru dans le temps que la belle Isaure, fille unique du dernier comte de Montbrun, souverain de ces contrées, étoit morte de la blessure d'un fuseau, pour accomplir la prédiction d'une Fée vieille, méchante et jalouse. Mais la bonne Fée Almérine, marraine de cette aimable princesse, a sû corriger la maligne influence du sort dont elle ne pouvoit détruire tout l'effet. Par les soins d'Almérine, ce fuseau, qui devoit faire périr Isaure, n'a fait que suspendre en elle le bienfait de la vie. Elle dort depuis cent ans, dans un château, au milieu de cette forêt; et le sentiment ne doit lui être rendu que par un preux et loyal chevalier qui n'aura jamais aimé.

VALENTIN.

Cela vous regarde, mon cher maître.

FLORESTAN.

Ecoutons.

BERTHE.

C'est dans ce château qu'elle a été transportée de la cour de Montbrun, après l'accident funeste qu'avoit prédit la vieille Fée. On l'y déposa richement parée sur un lit magnifique. La Fée Almérine accourut auprès d'elle; et pour protéger son sommeil, elle fit croître autour du château, une forêt si épaisse, remplie d'enchantements si

B

terribles, qu'aucun mortel n'y pût pénétrer, sans s'exposer à perdre la vie. Almérine a pourvu à tout; et j'ai ouï conter dans le temps que cette bonne Fée fit conduire auprès d'Isaure tout ce qui peut à son réveil lui former une maison montée. Officiers, pages, gardes, dames d'honneur, enfin la moitié de la cour de Montbrun a passé dans ce château et y partage l'enchantement de celle qui doit y commander.

FLORESTAN.

Et vous croyez, ma bonne, que cette Princesse respire encore au milieu de cette forêt?

BERTHE.

Oui, chevalier.

FLORESTAN.

Depuis cent ans?

BERTHE.

Depuis cent ans; et toujours aussi belle que la rose qui vient d'éclore. Le comte et sa tendre épouse eurent seuls, tant qu'ils vécurent, le privilége de pouvoir, le neuvième jour de chaque mois, aller embrasser leur enfant. Ils n'y manquoient jamais. Je leur entendis raconter plus de trente ans après, que leur aimable fille conservait encore toute sa beauté, toute sa fraîcheur virginale; que dans son sommeil elle sentoit leurs caresses; et que sa douce respiration s'animoit sous les baisers maternels.

FATIGNAC, *à Florestan.*

Cadédis! quel plaisir, Chévalier, j'aurais à réveiller cette charmante dormeuse!

VALENTIN.

Et les dames d'honneur donc?

BERTHE.

Les tendres parens d'Isaure succombèrent enfin sous le poids de l'âge. Après leur mort, leur héritage devint la proie du farouche baron d'Apreville, dont le fils nous gouverne aujourd'hui. Il ne vaut pas mieux que son père, et rend tous ses vassaux malheureux.

FLORESTAN, *se levant.*

Je brûle de tenter cette avanture! Je ne sais quel nouveau transport m'anime, mais mon cœur n'éprouva jamais cette agitation! Il s'enflamme au seul nom d'Isaure! Je veux pénétrer dans cette forêt, et voir cet antique château qui l'environne.

BERTHE, *se levant aussi.*

Je l'ai vue cette charmante Isaure: j'ai partagé les jeux de son enfance, j'étois à-peu-près de son âge, et fille de l'intendant du comte de Montbrun. Ah! l'heureux temps, mes braves chevaliers! j'étois alors jeune et jolie!

FATIGNAC.

Ah! ah!

BERTHE.

Oui, très-jolie, chevalier; et un aimable page de la cour de

Montbrun, le charmant Georgino, le savoit bien lui. Il m'appelloit son bouton de rose, et nous nous aimions comme innocentes tourterelles !

FATIGNAC.

Ces pauvres enfans !... Mais je pense à ce nom de Montbrun ! Cette chère grand'tante, dont le portrait fut ma folie, eh bien, je me souviens d'avoir lu dans des papiers de famille, que Roséline de Fatignac étoit dame d'honneur de la comtesse de Montbrun ! (à Berthe) Dites donc, bonne vieille qui vous souvenez de si loin, vous rappellez-vous ?...

BERTHE.

Oui, chevalier, il y avoit à la cour une fort jolie personne de ce nom-là ; je me le rappelle.

FATIGNAC.

Cadédis ! il seroit plaisant que ma grand'tante se retrouvât à la flur de sa jeunesse !

BERTHE.

Cela est possible, chevalier.

FATIGNAC.

Aimable vieille ! que je vous embrasse pour le plaisir que vous me faites !

VALENTIN, à Berthe.

Et le petit page ?

BERTHE.

Il est dans le château : j'en suis sûre !

FATIGNAC.

Vous le reverrez, ma bonne ; je vous le garantis.

BERTHE.

Eh ! eh ! cela me feroit encore plaisir de revoir mon Georgino !

FLORESTAN, mettant l'épée à la main.

Allons, chevalier et toi Valentin, frayons-nous un chemin dans cette forêt.

LES PAYSANS, avec effroi.

O ciel ! ils vont périr ?

FATIGNAC, s'armant à son tour.

Marchons.

(*Ils avancent vers la forêt ; un bruit de tonnerre s'y fait entendre : des flammes paroissent entre les arbres, et les branches s'agitent avec violence. Les Paysans reculent, effrayés. Phrase de simphonie*).

FATIGNAC, reculant quelques pas.

Que les esprits qui habitent cette forêt se présentent donc sous une forme que je puisse combattre ! ces maudites branches qui me narguent !... Sandis, je ne sais pas me battre contre des chênes, moi.

VALENTIN, effrayé.

Pour moi, je reste ici. Peste ! il ne fait pas bon là !

B 2

####### FLORESTAN.
Bravons ces vains prestiges. Suivez-moi.
(*Il se précipite dans la forêt. Le bruit redouble et les flammes augmentent. Bruit d'orchestre, tantôt sourd, tantôt éclattant, et qui dure jusqu'à ce que la décoration ait changé*).
####### FATIGNAC.
Par la source de la Garonne, Florestan est entré, et Fatignac ne le suivrait pas ! (*Il se précipite après Florestan*).
####### VALENTIN, *se précipitant à son tour.*
Mon pauvre maître ! je veux mourir avec lui.
(*Tous les Villageois, effrayés, s'enfuyent du côté opposé*).

SCÈNE IV.

(*La scène change, et le théâtre représente l'intérieur de la forêt.*)

FLORESTAN, FATIGNAC, VALENTIN.

####### VALENTIN.
Il faut avouer que nous l'avons échappé belle, d'avoir pu passer à travers toutes ces flammes sans en être grillé.
####### FATIGNAC.
Je n'en ai pas seulement senti la chaleur ; et sais-tu pourquoi ? C'est que le feu de mon courage est plus fort que l'embrasement de la forêt.
####### VALENTIN.
Plus nous avançons, plus je crois que la forêt s'agrandit devant nous ; je suis tout en eau, déchiré par les ronces, meurtri par les branches : quelle chienne d'entreprise !
####### FATIGNAC.
J'aimerois mieux avoir dix géants à combattre !
####### FLORESTAN.
Je crois avoir entrevu, il y a un instant, les tourelles du château. Il doit être dans cette direction (*montrant le fond du théâtre*).
####### VALENTIN.
Eh bien, cherchons l'arbre le plus haut ; j'y monterai, et peut-être découvrirai-je quelque chose.
####### FATIGNAC.
En voilà un là-bas qui domine tous les autres. Viens, Valentin ; je t'aiderai à y monter. (*Fatignac indique un arbre qui est supposé hors de la scène. Il sort avec Valentin*).

SCÈNE V.

FLORESTAN, LA FÉE ALMERINE.

(*Un nuage sort des arbres de la droite, roule jusqu'auprès de Florestan, et se retire en laissant à sa place la Fée Almerine, sous un costume aussi brillant que léger*).

FLORESTAN.

Que vois-je ! est-ce une Fée bienfaisante qui s'offre à mes regards !

LA FÉE.

Chevalier, vous voyez en moi la Fée Almérine, la tendre marraine de la belle Isaure qui dort depuis cent ans dans cette forêt. Le tems qui doit mettre un terme à l'enchantement de cette princesse est arrivé. Tout vous promet le sort le plus heureux, si vous savez en profiter.

FLORESTAN.

Ah ! Madame, que dois-je faire pour mériter l'excès de félicité que vos bontés me promettent.

LA FÉE, *montrant le fond du théâtre*.

Voilà la route que vous devez suivre. Vous avez encore bien des obstacles à surmonter : bravez-les avec audace ; frappez sans pitié tout ce qui s'opposera à votre passage. Sur-tout craignez des séductions qui vous priveroient, en un instant, d'une condition nécessaire à votre succès. Il faut n'avoir jamais aimé, chevalier, pour réveiller et obtenir mon aimable filleule.

FLORESTAN.

Ah ! je le sens, madame, au feu qui m'anime ; je mériterai vos bienfaits ; je braverai jusqu'à la mort même pour parvenir aux pieds d'Isaure et la rendre à la vie.

LA FÉE.

Puissiez-vous éprouver bientôt combien l'amour a de pouvoir sur un cœur sensible.

(*Elle chante*):

Souvent la rose printanière,
Par son éclat charma vos yeux,
Vous aimez la douce lumière
Dont l'aurore embellit les cieux :
Mais vous direz, je vous l'assure,
En voyant Isaure en ce jour :
Tout ce qui plait dans la nature
Ne vaut le charme de l'amour.

(*Almérine prend congé de Florestan, et disparoît dans le même nuage qui l'a amenée*).

SCÈNE VI.

FLORESTAN, FATIGNAC, VALENTIN.

VALENTIN, *accourant*.

Mon cher maître, nous pouvons avancer de ce côté ; j'ai découvert, de mon arbre, le château, les fossés, le pont levis.

FLORESTAN, *tirant son épée*.

Je jure sur ce fer, qu'aucun danger n'étonnera mon courage. Charmante Isaure, je me déclare ton chevalier, et te consacre mes pensées, mon bras et ma vie. (*symphonie guerrière*).

FATIGNAC, *tirant aussi son épée*.

Ma chère grand'tante, reçois de moi le même serment ! Il me tarde d'arriver à l'escalade du château ; je meurs d'impatience de voir la mine de tous ces gens qui depuis cent ans font la douce méridienne en nous attendant. (*Symphonie guerrière*).

SCÈNE VII.

(*Les arbres du fond s'écartent à droite et à gauche, et laissent appercevoir en perspective les murs et les tourelles du château*).

FATIGNAC.

Oh ! oh ! voyez-vous le château tout là-bas ? Et ces arbres qui ont la complaisance de se ranger pour nous laisser un passage.

(*Il court vers le fond de la scène : un* MUR D'AIRAIN *s'élève tout-à-coup ; il est surmonté de plusieurs têtes monstrueuses, placées comme ornemens à distances égales. Les chevaliers frappent de leurs épées le mur qui résonne avec un bruit épouvantable. Les têtes vomissent du feu. Les chevaliers redoublent leurs coups ; le mur disparoît ; et il s'est formé à sa place une* RIVIÈRE *qui arrête encore leurs pas*).

FLORESTAN.

Amis, cette onde est un nouveau prestige ; il ne doit pas nous arrêter.

SCÈNE VIII.

NYMPHES DES BOIS, LES PRÉCÉDENS.

(*Au moment où Florestan paroît déterminé à braver ce nouvel obstacle, plusieurs nymphes traversent légèrement le théâtre, se rassemblent autour des chevaliers, et commencent des danses*).

FATIGNAC.

Ah ! passe pour cet enchantement... Approchez, belles nymphes.

(*Fatignac essaie envain de saisir tantôt l'une, tantôt l'autre des nymphes qui l'agacent et paroissent voltiger autour de lui. Il se donne beaucoup de mouvement, sans pouvoir en attraper aucune. Valentin se fatigue aussi dans cette vaine occupation. Quelques-unes, en passant rapidement, le font pirouetter malgré lui. Florestan repousse et regarde dédaigneusement celles qui cherchent à le séduire*).

FLORESTAN, *à Fatignac.*

Défiez-vous, chevalier, de cette illusion. (*Au mouvement que fait Florestan pour s'avancer, les nymphes s'écartent à droite et à gauche de la scène*). Traversons ces flots fantastiques.

(*Les flots paroissent violemment agités*).

VALENTIN.

Eh ! Monsieur, c'est un torrent fougueux qui va nous engloutir.

SCÈNE IX.

NYMPHES DES EAUX, ET LES PRÉCÉDENS.

(*Une douce symphonie se fait entendre. Les flots se calment. Trois Nimphes s'élèvent du sein du ruisseau : elles sont couronnées de roseaux, et vêtues de légères draperies. Elles regardent amoureusement les chevaliers*).

FATIGNAC, *les appercevant.*

Que vois-je dans cette onde ? Elles sont charmantes ! Légères Sylphides et vous Ondines séduisantes, ne craigniez pas que je me batte contre vous.

UNE DES NYMPHES *des eaux chante :*

Du plaisir goutez l'yvresse ;
Le temps presse ;
La jeunesse
Passe comme un beau jour.
Au sein des bocages,
Sur ces frais rivages,
Si vous êtes sages,
Cueillez roses d'amour.

Au bel âge on l'on soupire,
Livrez vos cœurs au délire
Qu'amour inspire :
Soupirez à votre tour.

CHOEUR.

Du plaisirs goutez l'yvresse, etc.

FATIGNAC, *s'approchant du ruisseau.*

A ravir ! Belles Nymphes, daignez sortir de l'onde et venir sur ce rivage.

FLORESTAN, *vivement.*

Qu'allez-vous faire, Chevalier ? redoutez cette trompeuse amorce ! (*La Nymphe qui a chanté, monte sur un rocher d'où elle tend les bras à Fatignac. Celui-ci s'empresse d'y gravir ; mais la Nymphe n'a pas plutôt saisi sa main, qu'elle l'entraîne dans les flots où elle disparoît avec lui.*)

VALENTIN.

Ah mon Dieu, le voila abymé!

FLORESTAN, *s'avançant le sabre à la main.*

Perfides enchanteresses, vous allez sentir mon pouvoir.

(*Les Nymphes fuient, les Nayades s'engloutissent et la rivière disparoît; les arbres se rapprochent et cachent la perspective. Florestan et Valentin retirent Fatignac d'entre les arbres, et l'amènent, tout étourdi de son avanture, sur le devant de la Scène.*)

FATIGNAC.

Comment donc! eh sandis, jé né suis pas mouillé!

VALENTIN.

Je le crois bien, car vous nagiez à sec.

FATIGNAC.

Ah! perfide Ondine, si jé té rattrappe.

FLORESTAN.

Allons, mon ami, une autre fois vous se rez plus sage. Avançons nous n'avons plus d'obstacles, que l'épaisseur de cette forêt qui n'est peut-être aussi qu'un enchantement.

SCÈNE X.

VALENTIN, FATIGNAC.

(*Les arbres du fond, s'écartent comme la première fois, et laissent voir à deux pas l'entrée du château fermée d'un pont-levis. Une partie du mur à côté du pont, est détruite par le tems, et forme brèche. Une sentinelle, en attitude immobile, est posée sur l'extrémité de l'endroit où le mur est ruiné, de manière qu'il paroit ne s'en falloir de rien que la pierre qui la supporte ne tombe à son tour et ne l'entraîne. D'autres gardes sont couchés eu différentes attitudes sur un parapet voisin.*)

VALENTIN.

Quoi! nous étions si près!

FATIGNAC.

Cela n'est pas étonnant, dépuis qué nous marchons.

VALENTIN.

Eh mais, voila la sentinelle qui va tomber! hola! ho! camarade!

FATIGNAC.

Tu né vois pas qu'il dort là dépuis qué lé mur est bâti?

(*Au moment où les Chevaliers vont escalader la brêche, il en sort des monstres armés. D'autres démons, avec des torches, s'élancent d'entre les arbres et voltigent autour d'eux : les monstres armés combattent, sont vaincus et les Chevaliers se précipitent par la brèche dans la cour du château.*)

FIN DU PREMIER ACTE.

ACTE

ACTE II.

Le théâtre représente un salon gothique. Le fond est une colonnade du même stile, dont les entre-colonnemens sont formés d'un massif orné de bas-reliefs. Sur l'un des côtés de la scène, est une petite table ronde, couverte de fruits, de pâtisseries, de bouteilles et de gobelets, où sont assis quelques officiers de la Cour, endormis, et gardant les attitudes qu'ils pouvoient avoir quand l'enchantement a commencé. L'un d'eux tient à la main une bouteille dont il paroît prêt à se verser ; de l'autre côté, une jeune personne tient encore à la main une pièce de musique qu'elle paroît en train de chanter ; elle est assise sur un pliant : derrière et à côté d'elle, sont deux autres Officiers, dont l'un embouche une flûte, et l'autre tient une basse de viole.

Un jeune page est assis un peu à l'écart, avec des tablettes sur ses genoux et un crayon à la main.

SCÈNE PREMIÈRE.
FLORESTAN, FATIGNAC.

FLORESTAN.

Nous ne pourrons donc point trouver l'appartement de la princesse ? (*Il parcourt le théâtre pour chercher quelque nouvelle issue*).

FATIGNAC, *considérant les figures muettes qui l'environnent.*

Eh ! eh ! voilà des gens qui n'ont pas l'air de faire de mauvais rêves. Sais-tu, mon cher ami, que cette salle des gardes que nous venons de traverser est remplie de vigoureux champions ! Il me tarde de nous voir à leur tête présenter le combat à ce baron déloyal. Peste ! rien ne manque dans ce château. J'ai parcouru trois grandes écuries pleines de superbes chevaux : j'y ai vu plus de vingt palefreniers prêts à les panser ; piqueurs, postillons, valets de pied, sont répandus dans les cours, dans les antichambres, dans les corridors. C'est un monde ! et au milieu de tout cela, pas une ame à qui parler ! (*Il va secouer un des officiers qui sont à table*).

Peine inutile. Si l'on pouvoit au moins en éveiller un pour nous indiquer l'appartement que nous cherchons en vain depuis une heure !

SCÈNE II.
VALENTIN, ET LES PRÉCÉDENS.

FLORESTAN, *vivement à Valentin qui entre.*

Eh bien, Valentin, tu n'as rien découvert ?

B

VALENTIN.

Vous me pardonnerez, Monsieur; je viens de voir la cuisine.

FLORESTAN, *impatienté.*

Belle trouvaille! (*Il sort pour continuer sa recherche*).

SCÈNE III.

FATIGNAC, VALENTIN.

VALENTIN.

Comment, belle trouvaille! quand j'entre dans quelque château, c'est toujours par la cuisine que commencent mes observations. Par elle, je juge de toute la maison. Celle-ci, par exemple, a une mine! ah!...mais, hélas! c'est bien le cas de dire que la mine est trompeuse. Imaginez-vous voir, l'une au-dessus de l'autre, quatre ou cinq broches garnies à faire plaisir, prêtes à tourner devant un feu d'enfer; et plus de vingt casseroles sur autant de fourneaux qui paroissent embrasés. Le chef, avec son gros ventre et son triple menton, semble donner ses ordres et distribuer la besogne aux subalternes qui l'entourent. Eh bien, rien de tout cela ne bouge : les sauces sont froides, et le feu, sans chauffer, semble enchanté comme le reste.

FATIGNAC.

C'est le dîner de la princesse qu'on prépare; j'espère que nous en tâterons.

VALENTIN, *appercevant la table.*

Je voudrois bien, en attendant, goûter le vin dont ces messieurs se régalent. (*Il prend sur la table une ou deux bouteilles qu'il trouve vides*). Diable! ils se sont endormis trop tard pour moi. Mais la bouteille que tient ce gros réjoui, et dont il paroit prêt à se verser, pourroit bien... oui, ma foi! (*Il ôte doucement la bouteille de celui qui la tient, et boit à même*).

FATIGNAC.

Courage, mon ami.

VALENTIN, *s'interrompant de boire.*

Il est vieux! (*Il continue de boire. Le bras de celui à qui il a pris la bouteille, retombe lourdement sur la table. Ce bruit effraye Valentin qui se hate de reposer la bouteille*). En vérité, je crois qu'il s'éveilleroit, si je continuois!

FATIGNAC, *examinant les personnes endormies.*

Voilà donc comme on s'habilloit dans l'autre siècle!

VALENTIN.

C'est riche! c'est beau!

FATIGNAC.

Mais aussi fort incommode. Vois cette jeune personne qui veut chanter : elle est gentille; mais combien de grâces elle perd sous cette riche et lourde étoffe! combien ses plus doux appas doivent gémir sous cette cloison de baleine qui les emprisonne! comment pouvoit-on approcher d'une belle ainsi vêtue, et risquer avec elle un innocent badinage? Quelle différence aujourd'hui! ce sont des étoffes molles et légères, qui se drappent avec grace sur d'aimables contours : c'est une taille souple sur laquelle le bras d'un amant s'arrondit avec délice.

VALENTIN.

La commodité des mœurs a probablement amené la commodité des vêtemens (*On entend un bruit de verroux*). Ah ! Monsieur... je frissonne !.. J'entends marcher là-bas !... une porte crie sur ses gonds rouillés ! on ressuscite.

(*Florestan entre par la droite, et sort par le côté opposé*).

FATIGNAC, *regardant*.

Eh ! mon pauvre garçon, regarde, c'est ton maître qui poursuit sa recherche. Allons le joindre. (*Au moment où il va pour sortir, il apperçoit le petit page*). Eh, sandis ! Valentin, ne seroit-ce pas là le cher petit page, le tendre Georgino, l'amant de notre bonne vieille ?

VALENTIN.

Ah ! qu'il est gentil ! C'est lui, Monsieur !

FATIGNAC.

Il tient des tablettes, un crayon. Voyons donc. (*Il va tirer tout doucement les tablettes de la main du page, et prend une feuille de musique sur ses genoux*). Valentin, c'est lui. Voici des vers qu'il a composés pour son bouton de rose : eh ! les voilà encore notés sur ce papier !

VALENTIN.

Le petit drôle ! vouloir séduire ainsi cette jeune innocente ! Voyons : cela doit être curieux.

FATIGNAC, *chante*.

Berthe est mon bien, Berthe a reçu ma foi :
Mon cœur toujours l'aimera d'amour chère :
N'exige point quand le sien est à moi,
Preuve d'amour qui lui serait amère ;
Ah ! point ne veux lui causer de souci :
Aimer sa mie est si tant douce chose,
Qu'hélas consens, pourvu que m'aime aussi,
D'aimer sans plus mon frais bouton de rose.

GEORGINO, *répétant en dormant*.
D'aimer sans plus mon frais bouton de rose.

FATIGNAC, *le regardant avec étonnement*.

Comment diable, il y rêve encore, je pense

VALENTIN.

Vous avez touché la corde sensible.

FATIGNAC.

Je vous plains, camarade ; le printems de votre bouton de rose est bien loin, sandis. (*Il repose les tablettes comme il les a trouvées*). VALENTIN.

C'est donc là le langage de nos bons ayeux, il me plairoit assez de l'entendre de cette bouche mignonne que je vois prête à chanter. (*Montrant la chanteuse*). Elle a vraiment un certain air qui me.... Je lui dirai deux mots si elle s'éveille.

FATIGNAC.

Je te le conseille.

VALENTIN

Ce joli tendron-là est pourtant de l'âge de la vieille Berthe, s'il n'est pas son aîné !

SCÈNE IV.

FLORESTAN ET LES PRÉCÉDENS.

FLORESTAN.

J'ai beau chercher, à chaque appartement, je crois d'abord avoir trouvé celui qui renferme l'objet de mes vœux : j'entre, et je reconnois que je l'ai parcouru déjà dix fois. Nous ne pouvons cependant en être loin : la somptuosité de celui-ci, le riche ameublement des pièces voisines, la salle des gardes qu'il faut traverser pour y parvenir, tout justifie mon opinion. Bienfaisante Fée, qui avez daigné applaudir à notre entreprise, achevez votre ouvrage, et prêtez-nous votre secours.

(*Le chambellan, qui est à table, allonge le bras sans s'éveiller et présente une clef d'or*).

VALENTIN.

Ah, monsieur ! la Fée vous a entendu ; voyez cette clef qu'on vous présente.

FLORESTAN, *prenant la clef avec empressement.*

Mais cet appartement qui a échappé à mes recherches, comment le trouver ? (*Le chambellan tend son bras, et indique du doigt la colonnade du fond*).

Quoi ! derrière cette colonnade ! Je n'y vois point d'issue.

VALENTIN, *se plaçant derrière le chambellan, et mirant le long de son bras, qui est resté tendu.*

Monsieur, si le bras est bien dirigé, il indique dans ce bas-relief une tête de Faune, dont la bouche est probablement l'entrée de la serrure.

SCÈNE V.

ISAURE, ROSELINE, FEMMES ET OFFICIERS DE LA PRINCESSE ET LES PRÉCÉDENS.

[*Symphonie*]. (*Florestan met la clef dans l'endroit indiqué. Aussitôt le massif s'enlève : toute la colonnade est à jour, et l'on voit un appartement richement décoré. Dans le milieu est un lit magnifique, environné d'une balustrade et de gradins. L'impériale est soutenue par quatre colonnes torses et dorées. Les rideaux sont fermés ; Roseline, ainsi que d'autres femmes de la suite de la princesse, sont endormies sur les gradins du lit, ou sur des sophas à côté*).

FATIGNAC, *appercevant Roseline.*

Eh ! ne seroit-ce pas là la chère grand'tante ! Je ne me trompe pas, c'est elle, la charmante Roseline de Fatignac ! regarde donc, Florestan !

VALENTIN.

Quoi, monsieur ! cette jeune et jolie personne !

FATIGNAC.

Oui, dans cette jeune et jolie personne, tu vois l'une de mes ancêtres !

(*La symphonie du réveil commence. La balustrade et les rideaux du lit s'ouvrent d'eux-mêmes. Isaure, pompeusement vêtue à l'antique, est endormie sur le lit.*)

FLORESTAN à Fatignac, appercevant Isaure.

Ah ! mon ami ! rien n'égale mon ravissement ! Isaure ! Isaure ! mon cœur est à toi pour la vie ! (*Il s'agenouille sur les gradins du lit et prend timidement la main d'Isaure. La symphonie continue*).

(*Les différens personnages de l'avant-scène sortent de leur enchantement, regardent autour d'eux et paroissent étonnés à la vue des Chevaliers. Florestan baise la main d'Isaure : elle se réveille par degrés, et paroît chercher à s'assurer de son existence. Sa surprise, mêlée de joie, en voyant Florestan à ses genoux. Florestan lui donne la main pour l'aider à descendre du lit. Le petit page, en s'éveillant, a tiré de son sein un portrait qu'il baise : il regarde toutes les femmes de la Princesse, et paroît affligé de ne pas voir celle qu'il aime. Il va, vient, avec inquiétude, et sort pour chercher Berthe. Roseline, désenchantée, sort de la colonnade, et traverse lestement le théâtre, pour aller dans l'intérieur vaquer à son service. Fatignac, émerveillé, la regarde passer, et sort un instant après elle. Valentin suit des yeux l'une des femmes qui lui plaît, la voit sortir aussi et la suit : tous ces mouvemens s'exécutent en même tems pendant le réveil d'Isaure*).

SCÈNE VI.

ISAURE, FLORESTAN, ROSELINE, qui rentre quelques temps après ; FEMMES ET OFFICIERS dans le fond.

(*Isaure et Florestan s'avancent sur la scène ; alors les Officiers et les musiciens s'éloignent par respect*).

FLORESTAN.

Quoi ! belle Isaure, je ne vous suis point étranger ! Je devrois donc à la faveur d'un songe, l'avantage de vous présenter des traits qui vous sont connus ?

ISAURE.

(*Nota. Au lieu du récit suivant, Isaure peut chanter le morceau qu'on trouvera à la fin de cette Pièce*).

Attendez... laissez rassembler fugitives pensées.... Oui, vous ai vu Chevalier ; oui, vous reconnois pour icelui damoisel qu'ai vu naguère en songe. Me sembloit être en un jardin merveilleusement fleuri de roses printannières. Etois toute pensive dessous verdoyant berceau, à ouïr doulcement chanter petits oiselets, quand vêlà que vois venir pas-à-pas et tout doux, un jouvencel, pareil à vous de-visage et de prestance, qui moult tremblottant se laisse choir à genoux devant moi. Pensez bien qu'étois toute émue de honte, le voyant là, quand lui me dit d'un ton enamouré : *Vous aime, Isaure, vous aime d'amour à mourir.*

FLORESTAN, *se jettant à genoux.*

Oh, oui, charmante Isaure, je vous aime *d'amour à mourir!*

ISAURE, *le relevant.*

Que faites donc, Sire Chevalier ? C'étoit en songe que disoit ainsi le damoisel.

FLORESTAN.

Et que lui répondites-vous ?

ISAURE.

N'en ai point souvenance. Sais seulement que je fis de la fâchée de son outre-cuidance ; mais lui navré me demanda merci, et prenant ma main, ne voulut oncques me laisser aller que ne lui eusse dit, *Allez, chevalier, j'agrée votre servage.*

FLORESTAN.

Dans quel ravissement ces mots ont dû jetter votre heureux da-moisel ! Croyez, Madame, que ce songe vous a été inspiré par la bienfaisante Fée qui, depuis cent ans, veille sur votre sommeil, et qui a daigné me choisir....

ISAURE.

Y a donc cent ans, Chevalier, que dors en ce château ? Vois à cette heure pourquoi est tant divers mon langage du vôtre. Me ré-mémore mon enfance et choses qui me furent dites adonc. Bonne Almérine n'a pas voulu que mourusse du mal que m'a fait méchante Fée. N'étois donc pas seulette ici ? Vois autour de moi personnes que reconnois, et qui moult me sont agréables.

(*Elle salue affectueusement les femmes et Officiers qui l'en-tourent, et particulièrement Roseline, qui est rentrée pen-dant la scène, et à qui elle serre la main*).

FLORESTAN.

Vous voyez comme votre bonne marraine a pourvu d'avance à tout ce qui peut vous être utile, et intéresser votre cœur.

ISAURE.

Mais ne vois point..... hélas !..... crains d'interroger..... mes chers parens.....

FLORESTAN.

J'ai appris, Madame, qu'au terme d'une heureuse vieillesse....

ISAURE.

En sais assez, Chevalier. (*Elle essuie une larme*). Pourquoi ne m'être éveillée plutôt ?

FLORESTAN.

Avant le siécle écoulé, vous retombiez au pouvoir de la Fée, votre cruelle ennemie ; mais il étoit prédit qu'après ce tems, un Chevalier, dont le cœur sensible n'auroit point encore aimé, feroit cesser votre enchantement.

Avant de vous avoir vue, belle Isaure, aucune impression d'amour n'avoit fait palpiter mon cœur. Il brûle en ce moment, et le feu qui le consume, est votre ouvrage. Oui je suis votre chevalier, votre amant le plus tendre ! j'ai rendu vos yeux à la lumière, mais il me reste à reconquerir, par les armes, votre héritage usurpé par un baron d'Apreville qui gouverne insolemment vos Etats. Ah ! répétez-moi, comme dans votre songe, que vous agréez mon servage, et laissez à Florestan, fils du comte de Tours, l'espoir de mériter votre cœur et votre main.

ISAURE.

Avec tant pure amour, tant noble courtoisie, sire Florestan ne craigne du tout trouver Isaure ingrate.

FLORESTAN.

Ah, belle Isaure ! cet espoir va me rendre invincible !

SCÈNE VII.

FATIGNAC, ET LES PRÉCÉDENTS.

FATIGNAC, *rentrant.*

Sandis ! jé la cherché par-tout et la voilà rentrée ! (*à Roseline.*) Ma bellé grand'tante, souffrez qué lé plus affectionné dé vos neveux vous présente ses tendres hommages.

ROSELINE, *avec étonnement.*

Que dites-vous, chevalier ! moi, votre grand' tante ! (*à part*) mais quelle ressemblance !

ISAURE, *à Florestan.*

Qui est ce chevalier, avec vous, sire Florestan !

(*Fatignac s'approche et salue la princesse.*)

FLORESTAN.

Permettez, madame, que je vous présente le chevalier Fatignac, mon ami et le compagnon de ma fortune.

FATIGNAC.

Tout disposé, princesse, à consacrer mon bras et ma valeur à votre service.

ISAURE.

Fatignac, dites-vous ? ma chère Roseline, cettui chevalier, seroit possible ton parent ?

ROSELINE.

Crois reconnoître en effet....

FATIGNAC, *à Isaure.*

Oui, princesse, si madame est la sur de Bertrand de Fatignac, mon trisaïeul, jé suis son humble petit neveu.

FLORESTAN, *à Fatignac.*

Je vous félicite, chevalier; la grand' tante est charmante.

FATIGNAC, *avec feu.*

Jé suis dans l'enchantement, mon cher Florestan !

(*En ce moment Isaure va renouveller à ses femmes et à ses officiers ses témoignages de satisfaction; Florestan l'accompagne et ne paroît occupé que d'elle.*)

ROSELINE, *à Fatignac.*

Bertrand de Fatignac n'étoit que mon cousin germain, et vous vois, galant chevalier, tant ressemblant à mon aimable cousin, qu'ai cru de prime abord que lui étoit.

FATIGNAC.

Vous n'êtes donc ma grand' tante qu'à la mode de Brétagne ? tant mieux, adorable Roseline ! une moins étroite parenté nous rapprochera davantage, si votre cœur y consent : quant à moi, je vous aime à la folie !

(*Il prend vivement sa main qu'il baise.*)

ROSELINE, *riant.*

Que faites donc, mon neveu ! respectez, vous en prie, mon âge et ma qualité de grand' tante.

FATIGNAC.

Sandis ! je vous conseille, avec votre visage de vingt ans, de prendre un air de gravité. Tenez, je vois que le cher aïeul à qui je ressemble, ne déplaisoit pas à l'aimable cousine ; je suis sûr aussi qu'il vous aimoit beaucoup, cela ne pouvoit être autrement ; je le représente et je vous adore. Là franchement, m'aimerez-vous un peu ?

ROSELINE.

Etes bien vif, chevalier ! quand aurez fait preuve de longue constance....

FATIGNAC.

Eh cadédis ! la preuve est faite ; puisque vous voyez en moi le grand papa, il y a donc plus d'un siècle que je vous aime !

―――――

SCÈNE VIII.

GEORGINO, ET LES PRÉCÉDENS.

(ISAURE, *à Georgino qui rentre tout désolé.*)

Eh bien Georgino, qui te rend tant triste et chagrin ?

GEORGINO.

Hélas ! dame, cherche Berthe par-tout et ne la puis trouver.

ISAURE.

Volontiers reverrois Berthe aussi ; car l'aimois bien. Chevaliers, Berthe est la plus gente et accorte pastourelle que puissiez voir.

FATIGNAC.

Nous la connoissons déjà, madame, elle ne tardera pas à venir en ces lieux.

GEORGINO, *avec joie.*

La reverrai ! ô ciel ! ah, dites chevaliers...

AIR :   Avez donc vu ma douce amie ?
                Elle respire ! ô l'heureux jour !
                N'est-il pas vrai qu'elle est jolie
                Celle pour qui me meurs d'amour ?
                Ah l'aimerai toute ma vie !
                N'est-il pas vrai qu'elle est jolie ?
                C'est une rose épanouie
                  Au matin d'un beau jour,
                N'est-il pas vrai qu'elle est jolie
                Celle pour qui me meurs d'amour ?

FATIGNAC.

FATIGNAC.

Vous la reverrez bientôt; mais, mon pauvre Georgino, l'hiver lui a fait grand tort à ce tendre bouton.

GEORGINO.

Comment?

FLORESTAN.

Berthe, moins heureuse que vous, a vécu naturellement comme tout le monde, et vous devez penser qu'à son âge....

GEORGINO.

Ah, pauvre Berthe! la reverrai donc, pour avec elle verser larme amère de l'avoir perdue!

(*On entend un bruit de trompette.*)

FLORESTAN.

Qu'entends-je? Valentin, va voir ce que signifie...

FATIGNAC. *cherchant Valentin des yeux.*

Il n'est pas là, mais je parie que le gourmand est allé voir si la cuisine est réveillée.

SCÈNE IX.

VALENTIN, ET LES PRÉCÉDENTS.

VALENTIN, *accourant avec empressement.*

Seigneurs chevaliers, vous venez d'entendre les trompettes du château, c'est que du haut des tours on vient d'appercevoir des troupes dans la campagne.   (*bruit de trompettes*)

SCÈNE X.

Quelques Officiers de Princesse ET LES PRÉCÉDENS.

UN DES OFFICIERS.

Chevaliers, on vient de reconnoître les bannières du baron d'Apreville. Ses troupes approchent à grands pas; avant une heure elles seront sous nos murs. Venez commander nos phalanges et punir ce méchant Baron.

FLORESTAN.

Eh bien, mes amis, allons tout préparer pour la défense du château; et suivis de l'élite des braves soldats qu'il renferme, nous marcherons à la rencontre du Baron. Jurons à la belle Isaure que nous ne reparoîtrons à ses yeux que couverts des lauriers de la victoire.

(*Les Chevaliers et les Officiers font cercle autour d'Isaure, et jurent sur leurs épées, pendant une phrase de simphonie guerrière.*)

Venez, princesse, vous montrer aux vaillantes cohortes qui vont combattre pour vous. Un coup d'œil de la beauté enflammera leur courage.

(*Symphonie guerrière. Florestan donne la main à la princesse; Fatignac à Roselie. Ils sortent et tout le monde les suit.*)

FIN DU SECOND ACTE.

ACTE III.

Le Théâtre représente la cour du château, environnée de murs élevés. Un pont levis est à droite. Dans le fond, est la façade gothique du château, ornée d'un grand balcon. A l'une des ailes, se trouve une tourelle qui domine la campagne.

SCÈNE PREMIERE.

GEORGINO, *seul.*

AIR:

Où porter ma peine cruelle?
Pourrai-je vivre sans amour?
Ne faut donc pleurer nuit et jour
Celle qu'ai vue, hélas! si belle?
Cessez vos chants, petits oiseaux;
Philomèle, votre ramage
d'amour me peint trop le langage;
Vos accens redoublent mes maux.

Heureux oiseaux, sous ces feuillages,
Que ne puis-je encore, en ce jour,
Comme vous, par des chants d'amour,
Frapper l'éco de nos boccages.

Ils m'ont dit, ces chevaliers, que possible avant la fin du jour reverrai Berthe ma douce amie; mais, hélas! tant vieille! tant vieille!.. Oh, mon dieu! tandis qu'hier encore l'ai vue jeunette et jolie comme fleur nouvelle éclose!.. Oui, me semble que fut hier que m'endormis! Eh bien, veux la revoir, lui parler... Ne sera plus elle, le sais bien, mais qui mieux qu'elle pourra me parler de celle-là que n'oublierai jamais! (*On entend la marche des troupes de la princesse*). Voilà les chevaliers et nos braves soldats qui vont combattre méchant Baron. La princesse n'a point voulu qu'aille avec eux. Las! que m'eût fait de mourir, quand j'ai perdu tout le bien de ma vie! (*Il s'éloigne dans le fond du théâtre et disparaît tandis que les troupes défilent*).

SCÈNE II.

FLORESTAN, FATIGNAC, ISAURE, ROSELINE, VALENTIN, FEMMES ET **TROUPES** armées de lances et de javelots.

(*Florestan fait défiler les troupes devant la Princesse. Les armes et les étendarts se baissent en passant devant elle; les troupes sortent dans la campagne. La princesse ôte son écharpe, et en revêt Florestan. Roseline détache une plume de sa coeffure, dont elle orne le casque de Fatignac. Berthe, accompagnée de plusieurs jeunes Villageoises, entre par le pont levis.* (*Symphonie*).

SCÈNE III.

BERTHE, ET LES PRÉCÉDENS.

FATIGNAC.

EH! sandis! voilà le bouton de Rose!

BERTHE, *aux Villageoises.*

Mes bonnes amies, voilà notre belle princesse : je la reconnois

FLORESTAN, à Berthe.

C'est vous, ma chère Berthe ! que je vous ai d'obligations ! (à Isaure). Oui, madame, voilà celle à qui je dois la connoissance de vos malheurs, et l'avantage d'avoir contribué à y mettre un terme.

ISAURE, à Berthe.

Chère Berthe, c'est donc toi que revois tant changée et autre que t'ai vue ! (Berthe va pour s'incliner). Eh non, veux t'embrasser. (elle l'embrasse).

BERTHE.

Ah ! belle princesse ! (à Florestan). Ah ! brave chevalier !

FATIGNAC.

Chut ! voici le petit page ; laissons-le approcher, et ne disons mot.

SCÈNE IV.

GEORGINO, ET LES PRÉCÉDENS.
(On entend un appel de trompettes.)

FLORESTAN, à Fatignac.

Allons, chevalier.

FATIGNAC.

Je te suis ; je veux voir seulement.

BERTHE, à part.

Georgino ! oh c'est bien lui ! le voilà !

FLORESTAN, à Isaure.

Adieu, madame ; nous volons au combat, pour vous soustraire au seul danger qui vous menace encore. (Il sort ; Isaure le conduit jusqu'au pont-levis, où elle le suit quelque tems des yeux, avec l'expression d'une tendre inquiétude, et) rentre ensuite au château.)

FATIGNAC, qui pendant la sortie de Florestan,
examinoit en riant Berthe et Georgino.

Regardez autour de vous, beau page ; le cœur ne vous dit-il rien en ce moment ? (Georgino considère Berthe qui le regarde en riant).

FATIGNAC.

Je crois, sandis, qu'il la reconnoît ! mon pauvre Georgino, c'est pourtant là votre contemporaine.

GEORGINO, à part.

Seroit possible, grand Dieu !

FATIGNAC, prenant congé de Roseline.

Ma belle ayeule, la gloire m'appelle : vous pouvez d'avance me tresser une couronne de mirthe, en échange des lauriers que je vais cueillir. (Il sort et Roseline va rejoindre la princesse au château).

SCÈNE V.

BERTHE, GEORGINO, ET VILLAGEOIS.

BERTHE, à part.

C'est lui, tel que je l'ai vu dans mon printems ! mais qu'il est donc joli ! Pauvre petit ! le voilà bien avancé ! (en riant à Georgino.) Georgino me regarde et ne dit rien.

GEORGINO.

Ma bonne... ne sais quoi me plaît en vous... crois vous avoir vue déjà !

BERTHE, *d'un ton de badinage, écartant sa mante qui cache une ceinture d'un ruban brodé qui fait un nœud sur le côté.*

Mon bel enfant, quand vous me fîtes don de ce ruban qui me sert de ceinture, vous me regardiez avec bien plus de tendresse !

GEORGINO.

Quoi ! c'est Berthe !

(*Il demeure immobile à considérer Berthe, et son étonnement prend insensiblement l'expression de la tristesse et de la bienveillance.*)

BERTHE.

Oui, mon petit ami, je suis Berthe ; vous ne vous attendiez pas à me voir ainsi, n'est-ce pas ? Que voulez-vous ? tandis que vous étiez enchanté dans ce château, j'ai continué de vivre, moi ; et dans l'espace d'un siècle le tems fait bien du dégât sur un joli visage !

GEORGINO.

Ah Berthe ! cuisant chagrin m'a clos la bouche ; vous regarde, vous reconnoît, oui, c'est vous ; mais suis bien malheureux !

BERTHE.

Oh ! ce chagrin ne durera pas. A votre âge, les pertes de l'amour ne sont point irréparables. On se console de tout, mon doux ami. Je vous pleurai bien long-tems. Mais je sentis avec le tems diminuer l'amertume de mes regrets ; jeune encore, le plaisir de m'entendre dire à chaque instant que j'étois jolie, qu'on m'adoroit, flattoit ma vanité ; si bien que, sans cesser de vous être fidelle, l'inconsolable Berthe finit cependant par se consoler. Insensiblement l'âge vint : mes attraits disparurent et les amans aussi. Il me fallut renoncer à plaire ; ce qui me chagrina beaucoup d'abord : Eh bien, je finis encore par me consoler de cette disgrace ; tout passe, mon cher ami, tout passe !

GEORGINO.

Hélas ! c'est sur ce visage qu'ai vu blancheur de lys et vermillon de rose ! ah ! Berthe qu'étiez jolie !

BERTHE.

Il est charmant ! mais c'est pourtant de moi qu'il me parle ! et il m'en parle à moi qui n'y suis pour rien ! il est charmant !

GEORGINO.

Chere Berthe, vois avec plaisir, qu'en dépit du poids de vos ans, soyez encore de tant joyeuse humeur.

BERTHE.

Mais, j'en ai sujet, mon bel ami. A vous voir, à vous entendre, je crois rêver mon heureux printems, et certes à mon âge, c'est un grand bien que de finir par un beau songe

DUO.

GEORGINO.	BERTHE.
Où donc est-elle, mon amie !	Il est charmant !
Celle qu'aimois si tendrement ?	Et moi j'étois sa douce amie,
J'entends encore sa voix chérie,	Il est charmant
Et je la cherche vainement !	Le cher enfant !
	Pourquoi ne suis-je plus jolie !
	Le cher enfant,

(seule).
Je crois encore dans la prairie
Le voir aussi qu'un papillon,
Pour accourir vers son amie,
Courber à peine le gazon!

Ensemble.

Berthe hélas étoit tant jolie!	C'est moi qui't trouvoit si jolie,
Et son Géorgino l'aimoit tant!	Il est charmant!
Ah ne veut plus douce amie!	Il est charmant!
Cœur souffre trop en la perdant.	Et moi j'étois sa douce amie,
	Le cher enfant,
	Il est charmant.

(On entend au-dehors un cliquetis d'armes et le bruit lointain de la trompette et du tambour)

O ciel! on se bat en ce moment! je frémis!... le bruit redouble!... *(A Georgino)* Voyez-vous sur cette tourterelle l'inquiette Isaure observer les combattans? *(Symphonie.)*

La victoire est encore en balance, car ses mouvemens expriment la crainte. *(Symphonie)* Ah! nous l'emportons! Isaure rend grace au ciel et la joie est sur son visage. Bon! bon! la voilà qui descend sans doute.

SCÈNE VI.

VALENTIN, accompagné de deux Soldats, ET LES PRÉCÉDENS.

BERTHE, *à Valentin.*

Eh bien, brave écuyer?

VALENTIN.

La victoire est à nous. Une partie des troupes du Baron a mis bas les armes; le reste est en fuite et dispersé. J'en apporte la nouvelle à la princesse; mais je crains une trahison. Le Baron nous est échappé et je viens d'appercevoir, à quelque distance des fossés, des soldats ennemis s'enfoncer dans un souterrein qui communique peut-être dans l'intérieur du château.

GEORGINO.

Y a vraiment un souterrein qui va du bois au château! ah! mon Dieu! on a oublié de le défendre! moi vole avertir le poste du donjon, puis courir près de belle princesse, la sauver ou mourir!

(Il sort précipitamment par la gauche.)

SCÈNE VII.

VALENTIN, BERTHE.

(On voit à travers les fenêtres du château, passer des soldats qui filent du côté de la tourelle; quand ils sont vis-à-vis la fenêtre du grand balcon qui est ouvert, Berthe reconnoît à leur tête le baron d'Apreville.)

VALENTIN.

Les voilà! hélas! je m'en doutois!

BERTHE.

O ciel! le Baron lui-même est à leur tête!

VALENTIN.

Je cours avertir mon maître.
(*Il sort précipitamment par le pont-levis avec les deux soldats Berthe toute désolée, s'assied sur une pierre.*)

SCÈNE VIII.

BERTHE, ensuite GEORGINO.

(*On voit à travers les fenêtres du château les mêmes soldats qui entraînent Isaure dans le galerie; elle se débat, leur échappe un instant et paroît vouloir se précipiter du balcon, mais elle est ressaisie par le Baron. Géorgino paroit tout-à-coup, l'épée à la main derrière le Baron qu'il va percer, lorsqu'il est arrêté et enlevé par un soldat ennemi.*)

SCÈNE IX.

FLORESTAN, FATIGNAC, VALENTIN, arrivant par le pont levis avec une partie des troupes, ISAURE, LE BARON ET SOLDATS sur le balcon, BERTHE.

BERTHE, *appercevant Florestan.*

Ah! Seigneur! sans vous la princesse est perdue!

FLORESAN, *avec force au baron.*

Traître, tu va payer de ta vie ton infâme audace!

LE BARON, *au balcon, levant l'épée sur Isaure.*

Si tu fais un pas, Isaure expire.

FLORESTAN.

Arrête, barbare, si tu es chevalier, si tu n'est point un lâche, mérite ta conquête en la disputant corps-à-corps contre moi. (*Jettant son gant au milieu de l'enceinte*). Que la Princesse soit le prix du vainqueur. Tu peux laisser deux de tes soldats à sa garde, pour la rendre garant du traité.

LE BARON.

Téméraire chevalier, j'accepte ces conditions. (*Symphonie*).
(*Il place deux de ses soldats à côté d'Isaure et descend. Berthe se retire dans le château. Le Baron paroit dans la cour, avec un de ses capitaines pour second. Il ramasse le gant. Fatignac est à côté de Florestan. Les soldats qu'avoit amenés le Baron, se rangent d'un côté. Tout le reste de l'enceinte est rempli par les soldats de la princesse. Isaure reste spectatrice au balcon, environnée de toutes ses femmes, qui paroissent à différentes fenêtres. Le jour baisse.*
La trompette sonne, et le combat s'engage à outrance entre Florestan et le Baron. Dans une volte que fait Florestan, le pied lui glisse et son genou fléchit. Isaure, qui s'en apperçoit du balcon, jette un cri et paroît prête à s'évanouir. Le Baron saisit le moment de la chûte de Florestan, pour lui décharger un grand coup de cimeterre; mais Fatignac, qui s'est apperçu du mouvement, s'avance sur le tems, et reçoit adroitement le coup sur son sabre : ce qui donne à Florestan le tems de se relever et de reprendre ses avantages. Le second du Baron ayant vu l'ac-

tion de Fatignac, s'élance contre lui : ils se battent de leur côté. Il fait tout-à-fait nuit, et le combat en devient plus acharné entre quatre. Enfin le Baron tombe, blessé et hors de combat. Fatignac abat son adversaire, et Florestan ordonne d'emmener les vaincus. Les troupes se retirent.

Au moment où les chevaliers s'empressent d'aller rejoindre Isaure au château, on voit descendre des nuages qui occupent bientôt tout le fond de la scène, et au milieu desquels paroît Almérine, qui vient auprès de Florestan. Les nuages s'enlèvent et laissent voir à la place de la cour du château, un sallon magnifique, éblouissant de lumière. Isaure est au milieu de ses femmes, et environnée de toute sa cour.

SCÈNE X.

LA FÉE, ISAURE, ROSELINE, BERTHE, FLORESTAN, FATIGNAC, GEORGINO, VALENTIN, Femmes et Officiers de la Princesse.

ALMÉRINE, *entre les deux amans, dont elle prend les mains pour les unir.*

Ma chère Isaure, ne rougit pas du mouvement involontaire qui a trahi tes tendres sentimens. Le cœur d'une belle est la plus douce récompense du courage. L'amour vous a formé l'un pour l'autre, l'hymen vous attend pour assurer votre bonheur. (*Elle unit leurs mains, puis se tournant vers Fatignac, que Roseline paroît féliciter sur sa victoire*). Et vous, Chevalier, puisse l'aimable Roseline, en réalisant aujourd'hui l'une de vos plus douces illusions, vous procurer cette félicité que vous auriez en vain cherché dans l'inconstance de vos goûts (*A Georgino*). Et vous, Georgino, vous méritez bien d'être heureux ! Allons, c'est Berthe qui se chargera de ce soin.

BERTHE.

Puissante Fée, je suis très-éloignée de cette prétention : à mon âge..

ALMÉRINE.

Georgino, embrassez votre bouton de rose.

GEORGINO, *déconcerté.*

Madame.....

ALMÉRINE

Embrassez donc, elle a deux mots à vous dire à l'oreille, qui vous feront le plus grand plaisir.

(*Georgino approche tout honteux, embrasse Berthe en hésitant. Aussi-tôt l'accoutrement de vieille, et les cheveux gris de celle-ci disparoissent ; et Berthe paraît jeune et galamment vêtue*).

GEORGINO, *enchanté.*

Ah, revois mon bouton de rose !

BERTHE.

Ah, ciel !... quel sentiment m'agite ! Quelle douce chaleur se renouvelle dans mon sein ! Tout reprend à mes yeux le charme du printems de la vie !... Cher Georgino, mets ta main là : sens-tu battre mon cœur ?

GEORGINO.

Il palpite comme le mien, belle amie !

BERTHE.
Ah! j'ai retrouvé ma jeunesse et l'amour !

ALMÉRINE.
Que les danses et les jeux terminent cette heureuse journée. Et vous génies soumis à ma puissance, venez féliciter ces fortunés amans.

SCÈNE DERNIÈRE.

(A un mouvement de baguette de la Fée, des sylphides, des génies paroissent avec des guirlandes de fleurs. Les uns apportent une cassette ouverte, dans laquelle on apperçoit des étoffes, des bijoux et des vases précieux. La Fée en tire de riches pierreries, qu'elle présente à Isaure. D'autres apportent des armes brillantes, dont ils font hommage aux Chevaliers. On emporte les présents, et les Sylphides et Génies, dans leurs danses, dessinent autour des amans d'agréables enlacemens avec leurs guirlandes.

Les principaux personnages vont ensuite se placer sur une estrade, à l'un des côtés de la scène. Les danses continuent.

Entrée des villageois et villageoises, qui viennent féliciter Isaure et les Chevaliers. Isaure les invite à prendre part à la fête. Ils dansent sur des airs champêtres.

Les Génies, les Sylphides et les villageois se réunissent en ballet général, et la toile se baisse.

FIN.

VARIANTE. Acte II, scène 6, Isaure, au lieu du récit qu'elle fait en prose, après ces mots : *traits qui vous sont connus*, peut chanter :

Récitatif obligé.

Laissez-moi rappeller fugitive pensée...
Oui chevalier vous reconnois vraiment,
Et dans mon souvenir votre image tracée...
Etes le Damoisel dont un songe charmant
M'offrit l'aimable ressemblance,
Le doux parler et la noble prestance.

AIR

Etoit seulette en un jardin
Partout flori de fraîches roses ;
Toute pensive, en mon chemin,
Foulois les fleurs à peine écloses,
Quand vis venir tout doux, tout doux,
Un jouvencel pareil à vous ;
Qui, j'en rougis encore,
Osa me dire : Isaure,
Voyez à vos genoux
L'ami qui vous adore.

EN DUO.

ISAURE.   FLORESTAN, *se jettant à ses genoux.*

Qui j'en rougis encore,   De bon cœur le dis encore,
Il me dit : Isaure,   Oui trop aimable Isaure,
Voyez à vos genoux,   Voyez à vos genoux
L'ami qui vous adore.   L'ami qui vous adore.

www.ingramcontent.com/pod-product-compliance
Lightning Source LLC
Chambersburg PA
CBHW060533050426
42451CB00011B/1750